Bibliografische Information der Deutschen Nationalbibliothek:

Die Deutsche Bibliothek verzeichnet diese Publikation in der Deutschen National-bibliografie; detaillierte bibliografische Daten sind im Internet über http://dnb.d-nb.de/ abrufbar.

Impressum:

Copyright © 2002 GRIN Verlag, Open Publishing GmbH
Druck und Bindung: Books on Demand GmbH, Norderstedt Germany
ISBN: 9783668398092

Dieses Buch bei GRIN:

http://www.grin.com/de/e-book/110529/koerper-und-strassensport

Jürgen Greisert

Körper und Straßensport

GRIN Verlag

GRIN - Your knowledge has value

Der GRIN Verlag publiziert seit 1998 wissenschaftliche Arbeiten von Studenten, Hochschullehrern und anderen Akademikern als eBook und gedrucktes Buch. Die Verlagswebsite www.grin.com ist die ideale Plattform zur Veröffentlichung von Hausarbeiten, Abschlussarbeiten, wissenschaftlichen Aufsätzen, Dissertationen und Fachbüchern.

Körper und Straßensport

von

Jürgen Greisert

Ruprecht-Kars-Universität Heidelberg

Institut für Sport und Sportwissenschaft

Jürgen Greisert

Hausarbeit

Körper und Straßensport

Inhalt

0. Einleitung

Trotz Mangel an Platz in urbanen Lebensräumen, hat in der heutigen Zeit der Sport auch in städtischen Gebieten Einzug gehalten. Einrichtungen wie öffentliche Plätze, Hinterhöfe, Parkplätze, selten befahrene Gassen oder auch von Autos stark frequentierte Straßen werden zu „spontanen Sportplätzen" okkupiert. Auch wenn der sogenannte Straßensport mit der Skateboardkultur seinen Höhepunkt Anfang der 80er Jahre hatte, findet er immer wieder neue Sportsubkulturen wie Hacky-Sac[1], Frisbee, Skateboard, Streetball, Streetgolf[2], Kickboards und nicht zuletzt die Inlineskates.

Die bisherige Institutionalisierung des Sports in dafür vorgesehene Einrichtungen zu vorgeschriebenen Zeiten, wie es in Vereinen der Fall ist, reichen den Jugendlichen von heute nicht mehr aus. Der Sport muß mehr bieten als sich nur zu bewegen. Er muß erlebnisorientiert, deinstitutionalisiert, und ungezwungen sein. Durch die Inszenierung seines Körpers bekommt der Jugendliche ein stummes Feedback, welches ihm von freiwilligen und unfreiwilligen Zuschauern auf der Straße entgegengebracht wird.

Man will sich Fremden präsentieren und gleichzeitig unter seinesgleichen sein. Auf Parkplätzen oder verkehrsberuhigten Bereichen in der Stadt ist dies möglich. Durch Härte, Mut, Geschicklichkeit, Ich-Bezogenheit, Kraft und Durchsetzungsvermögen hofft man sich in Szene setzen zu können und sich von der Masse abheben. Die Inszenierung des Körpers bietet sich für Kinder und Jugendliche besonders an, da sie das einzige Mittel ist, sich von der Masse zu distanzieren.

Doch hinter dieser Präsentation des Körpers steckt vermutlich vielmehr die Unsicherheit in der Zeit der Adoleszenz, was sich durch die Dominanz von maskulinen Kindern und Jugendlichen nachweisen lässt. Ist jedoch erst mal ein gewisses Alter erreicht, verlieren diese Aktivitäten wieder ihren Reiz oder man verdient, in seltenen Fällen Geld damit und bleibt dieser juvenilen Kultur noch für einige Zeit erhalten.

Wenn man sich auch nichtsportive Jugendkulturen ansieht, ist der öffentliche Raum immer schon als Treffpunkt genutzt worden um zu provozieren, aufzufallen und sich zu präsentieren. Die Öffentlichkeit eignet sich nämlich besonders gut dafür, weil dort die verschiedensten Schichten von Menschen aufeinandertreffen. Ob eine kleine Demonstration radikaler Gruppen (NPD) oder die gigantische Loveparade. Aufmerksamkeit anderer kann man in diesen Arealen sehr schnell bekommen.

---

[1] Kleiner lederner oder gehäkelter Ball, (Durchmesser etwa 6 cm) mit Reis, Plastikstücken oder Sand gefüllt. Wird reihum mit Fuß, Schulter, Knie und Kopf gespielt.

[2] Gegenkultur zum Golftrend. Gespielt wird überall, wo „kein" Schaden angerichtet werden kann und keine Menschen getroffen werden. (Schrottplätze, leere Baustellen, etc.)

1. Definition: Was ist Straßensport

„Unter Straßensportarten werden sportliche Aktivitäten verstanden, die sich in Zeiten stetig ausdehnender urbaner Räume nicht, wie meistens typisch für traditionelle Sportarten, in extra angelegte und funktionalisierte Räume oder Plätze zurückziehen, sondern die Straße oder den öffentlichen Platz für ihre Zwecke okkupieren und auch umfunktionalisieren."
(S'PoKK, Stille Szenen und Identitäten vor der Jahrtausendwende, S. 182)

2. Entwicklungsgeschichte der Inlineskates

1760	Ein belgischer Hersteller von Musikinstrumenten entwickelte die ersten Rollschuhe mit Rollen in einer Reihe
1789	Entwicklung der Bremsen
1823	Verbesserung der Skates durch eine Platte mit fünf untergeschraubten Rollen
1960/70	Entwicklung des Rollerskates mit vorne angebrachtem Stopper
1970	Erneut wieder hintereinander angebrachte Inliner mit vier Rollen

3. Genauere Betrachtung der Gruppenhierarchie

3.1 Gruppenhierarchien nach ästhetischen Gesichtspunkten

Gruppenhierarchische Systeme sind im Sport meist durch ästhetische Merkmale geprägt. Im Straßensport hat dies noch einen viel höheren Stellenwert. Ist man in der Lage einen besonders schwierigen, spektakulären oder neuen Trick ohne Fehler zu zeigen, bekommt man durch bestimmte Zeichen mit den Händen oder durch Zurufe Applaus. Gleichzeitig verschafft man sich dadurch Respekt und steigt in der Hierarchie der Gruppe auf.

Beim Streetball werden nur auf Turnieren ernsthaft Punkte gezählt. Hier kommt es vielmehr auf die Inszenierung des Spielers selbst an, um in der Gruppenhierarchie weiter oben oder eher unten angesiedelt zu sein. Wichtig ist ein lässiger, fast ein wenig unmotivierter Spieleindruck. Respekt verschafft man sich durch besonders schwierige Varianten von Korblegern oder Finten. Besonders hoch angesehen wird man dann, wenn man in der Lage ist einen Dunk zu schaffen.

Bei den Skatern und Skateboardern ist das nicht anders. Schwere oder neu kreierte Figuren werden bei den anderen „Rollenfahrern" hoch eingeschätzt. Treppen, Geländer, Mülleimer oder Verkehrsinseln werden zu Hindernissen umfunktioniert oder geschickt umfahren.

Wenn in den großen Städten Amerikas die Rushhour auf den Straßen losgeht, beginnt für manche Inline-Fahrer ein gefährlicher Spaß. Sie fahren auf die Straße und lassen sich von Bussen oder Autos ziehen und fahren zwischen ihnen hin und her. Zusätzlich werden sie durch das Schimpfen und Hupen der Autofahrer noch mehr angespornt, gefährliche Aktionen auszuprobieren.

> „Und nach dem Skaten bewerte ich auch meistens die Leute, ist zwar ´ne scheiß Angewohnheit von mir, aber ich kann es nicht ändern. Wenn ich jemanden sehe, der mich ganz doll beeindruckt beim Skaten, dann würde ich den lieber kennen-lernen, als wenn da jemand ist, der das halt nicht so gut kann." (N., weiblich 15 Jahre) (Hänsel/Pfeiffer/Woll, Lifetime – Inline- Skating, S 138)

3.2 Die gruppenhierarchische Stellung der Mädchen

Wie in fast allen sportiven Szenen sind auch die Straßensportarten eindeutig in der Hand maskuliner Kinder und Jugendlicher. Außerdem herrscht ein Wertesystem, welches das weibliche Geschlecht nur als passives Mitglied integriert. Nur bei wirklich guter Leistung kann diese Norm durchbrochen werden. Das wiederum geht jedoch nur mit maximaler Willenskraft und Ausdauer, da die männlichen Rollenartisten ihre Solidarität auch dadurch zum Ausdruck bringen, in dem sie die Mädchen oft snaken[1] oder ausgrenzen um ihnen den Mut zu nehmen.

„Ja es gibt Unterschiede. Erstens die Mädchen gucken immer, dass sie nach
Möglichkeit keinen Handstand, also so Inverts machen, also keinen Handstand,
oder sonst gibt es, bei ein paar Contesten, da haben die beim Handstand ihr T-
Shirt festgehalten und so, die sind da immer voll pingelig drin und so. Die
würden auch, man würde auch nie Mädchen sehen, was ohne Sachen, also ohne
Oberteil, also mit freiem Oberkörper fährt. Uns so ist das bei uns. Was denn
noch? Ja, dass Mädchen halt, die snaken[3] nicht so gerne. Weil die haben Angst,
mal mit `nem etwas kräftigerem Jungen zusammenzustoßen, da brechen die sich
schneller was, oder fliegen öfters hin oder so“ (J., männlich, 11
Jahre)(Hänsel/Pfeiffer/Woll, Lifetime – Inline – Skating, S. 143)

4. Die Kleidung – Ausdruck von Zugehörigkeit

Wie in vielen Gruppierungen spielt auch beim Straßensport die Kleidung eine wichtige
Rolle. Um sich vom Rest abheben zu können, wird ein bestimmter Dresscode benutzt, um
dazuzugehören. Zwar versuchen die „wahren“ Skater und Skateboarder sich dem teuren
Modefanatismus zu entsagen, doch bekommen diese einen ertragreichen Vertrag einer
bekannten Firma vorgesetzt, sehen sie die Welt plötzlich mit anderen Augen. Marken
stehen auch in diesen Szenen für ein bestimmtes Image. Sie sind die Garantie für ein
bestätigtes Selbstwertgefühl, von dem vor allem Mitläufer profitieren. Im ersten Semester
habe ich mich selbst und andere dabei ertappt, wie man die Sportlichkeit anderer
aufgrund ihrer Kleidung bewertet..
Die Szene richtet sich aber nicht nur nach der Marke, sondern auch nach Vorbildern, die
diese Marken promoten. In Magazinen werden berühmte Namen immer mit dem
dazugehörigen Sponsor, der Kleidung und seinen Accessoires genannt. Die Marken
stehen für das Hineinwachsen in die Szene, auch wenn es sich um eine kostspielige
Angelegenheit handelt. Bei den Inlineskatern und Skateboardern sind weite Hosen und T-
Shirts in den Größen XL oder XXL sehr beliebt.

[3]snaken = spielerisches Vordrängeln beim skateboarden

Die Modeindustrie reagiert natürlich darauf und hat sogar einen eigenständigen Modenamen für diesen Kleidungsstil geschaffen, die sogenannte Streetwear. Sogar Unternehmen die eigentlich Arbeitskleidung herstellen, haben sich in der Modewelt etabliert. Die Firma Carthart ursprünglich Hersteller für die Arbeitskleidung der Firma UPS oder das Unternehmen Caterpillar aus der Baubranche, produzieren Kleider, die man sich heute in jeder größeren Boutique kaufen kann.

Entgegen dem heutigen Trend sich sportlich und körperbetont zu zeigen, steht hier der Bequemlichkeitsaspekt und robustes Material im Vordergrund. Somit wird der Blick des Betrachters nicht auf die Körperlichkeit, sondern auf die Bewegung gelenkt.

Außerdem passen unter die weiten Hosen Knieschoner, welche bei Stürzen auf den harten Boden den Stoß abfangen. Schutzkleidung wird jedoch nur in erster Linie von „Skate-Breitensportlern" getragen. In den Straßenszenen hingegen ist sämtlicher Schutz total verpönt. Vernarbte Verletzungen werden eher als Trophäen angesehen, die bei den Mitstreitern gerne zur Schau gestellt werden. Der maskuline Ausdruck, Schmerzen ertragen zu können und mutig seinen Mann stehen zu können, steht dabei im Vordergrund.

Selbst bei großen Contests ist zwar das Tragen von Schutzkleidung vorgeschrieben, was auch eingehalten wird, trotzdem ist es von immenser Bedeutung für die Fahrer nach einem Sturz sofort wieder aufzustehen, auch wenn die Schmerzen durch eventuelle Verletzungen sehr stark sind.

5. Die Bedeutung der Musik im Straßensport

5.1 Die Musik der Skater und Skateboarder

In der Skate- und Skateboard-Szene, die wiederum viele Untereinheiten und Absplitterungen hat, ist die Musik ein ganz zentrales Element. Durch die Vielfalt der Musikrichtungen werden feine Abgrenzungen zwischen den Posses deutlich. Während die ursprünglichen Skateboarder eher Punk hören, weil sich die Skateboardszene aus der Punkszene heraus entwickelt hat, werden aber unter anderem auch Hardcore, Grunge und Hip Hop gehört. Die Szene ist sogar soweit in die Musikwelt vorgedrungen, dass Gruppen wie die Beasty Boys oder Sonic Youth in ihren Musikvideos sogar Skateboardingszenen darstellen.

5.2 Die Musik der Streetballer

In der Streetball-Szene dagegen dreht sich alles um Hip Hop. Da die Musik auch während des Spiels läuft, ist sie tragendes Element zum Rhythmus des Spiels. Tatsächlich richtet sich die Spielgeschwindigkeit nach Geschwindigkeit und erzeugter Atmosphäre der Musik. Besonders gern werden harte Gangsta-Beats bevorzugt, die durch ihre besonders martialische und sexistischen Inhalte auffallen. Diese Texte sollen das Gefühl vom Überlebenskampf auf der Straße oder im Ghetto nahe bringen. Bei genauerer Betrachtung erkennt man, dass dieses Gefühl einen ganz anderen Ursprung hat, als es auf den ersten Blick aussieht.

Basketball ist eine absolute Afro-Amerikaner-Sportart und zeugt für das Selbstbewustsein der dunkelhäutigen Amerikaner. Gleiches gilt auch für HipHop im Musikgeschäft. Auch hier dominieren die Afro-Amerikaner, die mit ihren Texten über die dortige Situation berichten. Obwohl die Kids in Deutschland nicht im Entferntesten diese Lebensumstände erleben können, versuchen sie sich damit zu identifizieren.

6. Die Medien und der Straßensport

6.1 Das Medium Internet

Dem heutigen globalen Netzwerk haben es die Skater und Skateboarder zu verdanken, dass sich diese kulturellen Erscheinungsformen international etabliert haben, auch wenn die Skateboardszene zurzeit eher nur ein Randdarsein darstellt und der lineare Anstieg der Inline-Fahrer wieder etwas zurückgeht.
Doch trotzdem sind Inliner ein beliebtes Sportgerät geblieben. Dies bezeugt vor allem die Bereitschaft vieler Stadtvertretungen, Brücken und normalerweise von Autos stark befahrene Straßen zu sperren und einen Abend lang für Inlinefahrer freizuhalten. Ähnlich wie es bereits seit Jahren für Jogger in vielen großen Städten der Fall ist. Als Beispiel wäre hier, als das größte Ereignis solcher Veranstaltungen, der New-York-Marathon zu nennen.

Viele sportive Menschen nehmen weite Wege und einen sehr hohen finanziellen Aufwand in Kauf, um dabei gewesen zu sein und ein T-Shirt als Erinnerung zu bekommen, welches dann einen stolzen Platz im Wohnzimmer bekommt oder als Sportlichkeitsindiz bei heimischen Lauftreffs getragen wird. Andere verfolgen den Lauf via Internet oder im Fernsehen um auch, wenn auch nicht aktiv, mit dabei gewesen zu sein.

Wie schnell eine Randsportart zu solch einer vergnüglichen Breitensportart werden kann ist aus folgender Tabelle zu entnehmen und zeigt die Inlineskates-Besitzer zwischen den Jahren 1994 bis 1997:

Jahr	Inlineskatebesitzer
1994	1,0 Mio
1995	2,7 Mio
1996	8,1 Mio
1997	10,2 Mio

Quelle: www.skatenews.de

Besonders praktisch erweist sich das Internet bei den Kids, wenn es um neue Tricks geht. Gerade erst hat ein Skater einen neuen Trick irgendwo in einem Hinterhof in Amerika erfolgreich gemacht, so kann dieser wenig später im Internet zu sehen sein und irgendeinen Inlinefahrer in Deutschland zur Verzweiflung bringen. Neue Boards, Accessoires und Kleidung können bestellt werden oder man verfolgt einen Contest in einer fernen Stadt.

6.1 Zeitschriften und Magazine

Zeitschriften und Magazine werden gekauft, um sich die neusten Tipps zu holen, News zu lesen, und über die neusten Boards und Firmen informiert zu sein. Poster von Vorbildern werden an die Wand geheftet oder Aufkleber an alle Möglichen Stellen geklebt, um sein Umfeld über seine Leidenschaft zu informieren.

6.3 Contests – Medium der Kommunikation

Bei großen Events, den Contests, werden die großen Helden der Straße aus nächster Nähe erlebt. Solche Veranstaltungen haben einen ganz besonderen Charakter, da sie sehr viel zur Kommunikation beitragen. Erfolgreiche Beispiele sind die X-Games, die X-tra in Bochum, YOZ auf der ispo in München, oder die Monster Mastership in Dortmund.

Auf solchen Großveranstaltungen werden verschienene andere spektakuläre Randgebiete von Sportarten vorgestellt. Nicht nur die Halfpipe und ein Pacour mit verschieden Ramps und Hindernissen für Inliner oder Skateboards werden geboten, sondern auch BMX- oder Motorrad-Dirt-Jumps[4], integrierte Konzerte verschiedener Bands und Frisbee-Freestyler und vieles mehr, um aus dem Wettstreit der Besten, ein Erlebnis für den Jugendlichen zu machen.

7. Die Stellung des Erwachsenen

„Das Hineinwachsen und Verwurzel-Sein ist mir aufgrund meines Alters und Geschlechts kaum möglich geworden, aber die Akzeptanz der „Skate-Oma" (Aussage eines Jungen in der Skatehalle) ist kontinuierlich gestiegen, so dass eine Innenansicht der Szene ansatzweise möglich war."(Hänsel/Pfeiffer/Woll, Lifetime – Inline – Skating, S. 136)

Mit diesem Kommentar versucht die Autorin eines Textes, ihren Eindruck über die Skate-Kultur auszudrücken, wie schwer es ist, diese Kultur näher zu durchleuchten, da die Erwachsenen in diesen Szenen nicht akzeptiert werden. Sie sind lediglich ungern gesehene Zuschauer, fast Eindringlinge in eine andere Welt, in der sie aber trotzdem eine wichtige Rolle spielen. Sie sind Sponsor und Chauffeur, da Straßensport eine kostspielige Angelegenheit ist und auch mal größere Distanzen überbrückt werden müssen, wenn man nicht direkt in der Stadt wohnt, einen Skatepark besuchen will oder seinen sog. Home-Spot (seinen Szene-Treff) verlassen will. Dieser Home-Spot wird sogar global ausgeweitet, indem viele Rollenfahrer den Wunschtraum haben Skate-Areale in Australien oder Amerika zu bereisen, mit dem Ziel, wieder zurückzukommen mit vielen neuen Eindrücken und erlernten neuen Tricks.

Ein großes Problem ist auch die Finanzierung von Skateparks. Wer will schon als Erwachsener eine Horde von skatewütigen Jugendlichen und Kindern unterstützen, die Erwachsene nicht in ihrem Handlungsfeld tolerieren. Somit kommen nur Skate-affine Sponsoren in Frage, die aber meist nicht über solche finanziellen Möglichkeiten verfügen, wie Unternehmen, die nichts mit skaten oder skateboarden zu tun haben.

---

[4] BMX-Räder oder Motorräder springen von eine Schanze, während dieser Zeit vollführen sie waghalsige Tricks in einer Höhe von 5m und mehr.

Obwohl weder ein Trainer oder eine Aufsichtsperson vorhanden ist, gibt es ungeschriebene Gesetze, die in der Regel von allen beachtet werden. Die Jugendlichen haben klar abgegrenzte Räume zum Experimentieren, Rumhängen sowie essen und trinken. Diese Regeln werden als sinnvoll angesehen und sind unumstößlich. Die Werte der Erwachsenen werden nicht akzeptiert, selbst wenn diese sich in gewisser Hinsicht gleichen sollten.

„Wir regeln das eigentlich untereinander viel, viel besser! Wenn der da kommt, denn meint er irgendwie, jetzt muß der fahren, jetzt muß der, jetzt muß der, jetzt muß der, das ist ganzschön doof."(J., männlich , 11 Jahre)(Hänsel/Pfeiffer/Woll, Lifetime – Inline – Skating, S. 140)

8. Straßensport - mehr als nur Sport

„Meine Motivation ist es nicht, der beste Skater der Welt zu sein. Mein Ziel ist es eher, ICH sein zu können und Skaten zu protegieren und den ganzen Groll und die Aggressionen herauszulassen, die in mir stecken. Es ist keine Aggression, die töten will oder so, sondern eine die heilen will." (A.J. Jackson, einer der weltbesten Street-Skater) (Hänsel/Pfeiffer/Woll, Lifetime – Inline – Skating, S. 136)

Diese Aussage allein verdeutlicht, was für viele Rollenfahrer im Mittelpunkt ihrer Einstellung steht. Skateboarden oder skaten ist nicht nur ein Sport, sondern ein Teil des Lebens, eine Kultur, geworden. Selbst menschliche Grundbedürfnisse wie essen, trinken und ausruhen werden auf ein Minimum beschränkt. Alles dreht sich nur um das skaten oder was damit zu tun hat. Skateboarder stehen ständig, auch beim ausruhen, im Kontakt mit dem Board. Gleichzeitig ist der gemeinsame Treffpunkt an einem Platz oder unter einer Brücke eine Art Wahl-Heimat. Hier entstehen neue Freundschaften, ein Gefühl der Zusammengehörigkeit, Familienersatz und räumliche Verbundenheit.

Dieses Gefühl kann aber nur dann entstehen, wenn ein gewisses Maß an Sportlichkeit mitgebracht wird. Kinder und Jugendliche, die keinen Zugang durch Freunde oder anderweitigen Kontakt zu der Sportart haben, oder absolut unsportlich sind, kommen auch nicht als begeisterter Skater oder Skateboarder in Frage; oder sie bilden nur ein Endglied in einer Gruppenstruktur, in der sie eigentlich gar nicht enthalten, bzw. erwünscht sind.

9. Die Bedeutung der zeitliche Unabhängigkeit im Straßensport

Wichtig für die Kinder und Jugendlichen ist besonders die zeitliche Unbegrenztheit. Lange Öffnungszeiten der Skatehallen und größtenteils unbegrenzt öffentliche Skateparks lassen eine individuelle zeitliche Nutzung zu. Gleiches gilt für das Angebot von Parkplätzen, Straßen oder Hinterhöfen. Es wird einfach nach dem Lust und Laune-Prinzip verfahren, bis die gemeinschaftliche Bewegungslust nach bestimmten subjektiven Kriterien als nicht mehr befriedigend empfunden wird. Zu keiner Zeit kommt Hektik auf; man lässt sich Zeit. Schließlich kann man zu einem späteren Zeitpunkt wiederkommen, oder auch nicht.

Die jungen Straßensportler lassen sich nicht von Trainern oder Aufsichtspersonen kontrollieren. Sie wollen frei in ihren Entscheidungen und Aktivitäten sein und ihrer juvenilern Kreativität auf der Straße freien Lauf lassen. Absichtlich meiden Sie die Vorschriften Erwachsener, nicht nur in zeitlicher Hinsicht.

„Ich fahre nur nach Lust und Laune. Ich sage jetzt nicht, ich komme von der Schule, gehe dann von drei bis, ich weiß nicht, von drei bis sechs Uhr in die Halle und dann gehe ich nach Hause. Wenn ich um fünf Uhr keine Lust mehr habe, denn gehe ich irgendwie zur Oma oder so und dann komme ich in `ner Stunde wieder und dann skate ich weiter" (J. männlich , 11 Jahre) (Hänsel/Pfeiffer/Woll, Lifetime – Inline – Skating, S. 137)

10. Schlussbetrachtung

In einer Zeitschrift ist mir ein Artikel über die Skater-Szene in Thailand (vorwiegend Bangkok) aufgefallen. Dort steckt die Entwicklung einer solchen Bewegung noch in den Kinderschuhen. Vereinzelte Skate-Shops sind klein und haben eine bescheidene Auswahl an Boards und Accessoires und trotzdem gibt es auch dort den einen oder anderen, der sich ganz der Skateboardkultur widmet.

Durch das gute Klima und die herrlichen Strände ist Thailand zu einem beliebten Urlaubsziel des Massentourismus und zu einer Partyhochburg geworden. Die nächtlichen, besonders bei Vollmond stattfindenden Partys auf diversen Inseln sind auf der ganzen Welt bekannt und haben auch viele feiernde Skater angezogen, die die Entwicklung einer dortigen Szene unterstützen wollen. Mittlerweile haben sich diverse Contests etabliert, die auch im größeren Rahmen veranstaltet werden.

Ein deutscher Skateboarder, der für ein Magazin arbeitet, traf einen anderen aus Thailand und befragte ihn über seine Meinung und die dortige Situation. Dieser meinte, dass er nichts von der Verkommerzialisierung des Skateboardens in Thailand halte. Zwar finde er es gut, dass sich eine Szene entwickelt, doch nimmt er Abstand von immer häufigeren Contests. Bei seiner Aussage stößt man schnell auf das Paradoxe, was diese Straßensportszene in sich selbst ausdrückt. Auf der einen Seite findet er eine Etablierung in Thailand ganz gut, auf der anderen Seite verabscheut er die kommerzielle Ausbreitung, von der er selbst profitiert und sie auch willentlich benutzt.

Obwohl er kaum genügend Geld hat um sich etwas zu essen, geschweige denn ein neues Board zu kaufen, besucht er einen oder zwei Contests im Jahr, bei der er das besucht, was er eigentlich verabscheut. Dort lernt er vielleicht neue Menschen kennen, die ihm aus der Armut heraushelfen, weil er sein Board beherrschen kann, wie es nur sehr wenige können. Spätesten wenn seine Gewandtheit auf dem Skateboard durch ein lukratives Angebot eines Sponsors gefördert wird, benützt er die kommerzielle Plattform, der er sich versucht, zu entziehen und gibt diese Einstellung als Idol für viele an andere weiter.

11. Literaturangaben

BRASS Jutta, **HARTMANN** Daniela, Die Skateboardszene am Kölner Domplateau. In: Reiner Hildenbrand (1994) Kindliche Lebens- und Bewegungswelt im Umbruch. Hamburg: Cwalina. S. 63-71

WENZEL Steffen, Urban und utilitär – Straßensport in Jugendkulturen. In: SPoKK (1997) Kursbuch Jugendkultur. Stile, Szenen und Identitäten vor der Jahrtausendwende. Mannheim: Bollmann, S. 183-189

KOHLHASE Britta, Aggressiv-Skaten – sportive Kinder- und Jugendkultur. In: Hänsel Frank/Pfeiffer Klaus/ Woll Alexander (1999) Lifetime-Sport Inline-Skating. Schorndorf: Hofmann, S. 136-147

411VM. Skateboarding (Videomagazin) (2001) Sept. – Okt. 2001 Ausgabe 48

SCHWIER Jürgen, (1998) Stile und Codes bewegungsorientierter Jugendkulturen.
In: Schwier Jürgen, Jugend – Sport – Kultur. Hamburg: Cwalina, S. 9 - 30

Londown - Music. Sports. Entertainment. Ausgabe 28 (Okt/2001) Zeitschrift für Populärkultur und Bewegungskunst

Limited Skateboarding Magazine. Ausgabe 43 (Juli-August 2001)

Globe – Worldchampionships. Werbe-Journal zum 20. Monster Mastership in Dortmund am 30. Juni bis 01. Juli 2001

Boardstein Skateboardmagazin. Ausgabe Nr.12 Juli-August 2001

Transword Skateboarding – The 2001 Europe-Issue. Volume 20 Nr. 1

GRIMM, **B.**/**SCHMIDT**, **A.**(1999): Handbuch Inlineskaten. Meyer und Meyer

www.skatenews.de

BEI GRIN MACHT SICH IHR WISSEN BEZAHLT

- Wir veröffentlichen Ihre Hausarbeit, Bachelor- und Masterarbeit

- Ihr eigenes eBook und Buch - weltweit in allen wichtigen Shops

- Verdienen Sie an jedem Verkauf

Jetzt bei www.GRIN.com hochladen und kostenlos publizieren